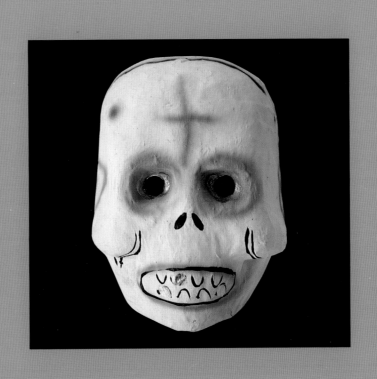

First published 1991 by Collins Publishers San Francisco
Editado por primera vez en 1991 por Collins Publishers San Francisco

Library of Congress Cataloging-in-Publication Data

Greenleigh, John, date.
The days of the dead : Mexico's Festival of Communion with the Departed / photographs by John Greenleigh ;
text by Rosalind Rosoff Beimler = Los días de muertos : un Festival de Comunión con los Muertos en México / fotografías de
John Greenleigh ; texto de Rosalind Rosoff Beimler.
p. cm.
English and Spanish.
ISBN 0-00-215962-7 — ISBN 0-00-637741-6 (pbk.)
1. All Souls' Day—Mexico. 2. All Souls' Day—Mexico—Pictorial works. 3. Mexico—Social life and customs.
4. Mexico—Social life and customs—Pictorial works. I. Beimler, Rosalind Rosoff, date. II. Title. III. Title: Días de muertos.
GT4995.A4G74 1991
394.2'6828—dc20   91-21691

Printed and bound in Hong Kong / Impreso y encuadernado en Hong Kong

10 9 8 7 6 5 4 3 2 1

The Days of the Dead

Los Días de Muertos

Mexico's Festival of Communion with the Departed
Un Festival de Comunión con los Muertos en México

Photographs by / Fotografías de John Greenleigh
Text by / Texto de Rosalind Rosoff Beimler

CollinsPublishersSanFrancisco
A Division of HarperCollinsPublishers

*T*his book evolved from a desire to explore, in words and pictures, the concept of death in Mexico. Given the immensity of the task, we decided to focus on the one holiday in Mexican life that best expresses the country's attitudes and beliefs on the subject: the Days of the Dead. • The photographs here were taken during travels throughout four Mexican states—Michoacán, Morelos, Oaxaca, and México—between 1985 and 1990. When asked by villagers to explain the purpose of our project, we would reply that we hoped to show other cultures the beauty, caring, and humor with which the Mexican people celebrate their rites of communion between the living and the dead. It was also our wish to contribute a kind of cultural record of a centuries-old ritual currently undergoing significant change. • We hope that in some measure, the feelings we experienced while standing in candlelit graveyards at midnight, or following masked mummers from home to home in a mountain village, will find their way from the book to the reader. It will be hard to forget the middle-aged woman who, after allowing us to photograph her sitting at her mother's grave, said, "Thank you for giving my mother what she always wanted ... a photo of herself." You meet some of the nicest people in cemeteries.

▼▼▼

Este libro surge de un deseo de explorar, en palabras e imágenes, el concepto de la muerte en México. Dada la inmensidad de la tarea, decidimos concentrarnos en una de las festividades de la vida mexicana que mejor expresa las actitudes y creencias nacionales al respecto: los Días de Muertos. • Las fotografías aquí presentadas, fueron tomadas en viajes a través de cuatro estados—Michoacán, Morelos, Oaxaca y México—entre los años de 1985 y 1990. Cuando los vecinos de los pueblos nos preguntaban sobre el propósito de nuestro proyecto, señalábamos nuestro deseo de mostrar la belleza, cariño y humor con que los mexicanos celebran esta comunión entre vivos y muertos. Ha sido también nuestro deseo el contribuir a una especie de registro cultural de un ritual de antigüedad. • Esperamos que en alguna medida, los sentimientos que experimentamos cuando estábamos en los panteones iluminados a mitad de la noche, o seguíamos a los enmascarados de casa en casa en algún pueblo de las serranías, encuentren su camino del libro al lector. Será difícil olvidar aquella mujer madura quien, después de habernos permitido fotografiarla sentada al lado de la tumba de su madre, nos dijo: "Gracias por darle a mi mamá lo que siempre quiso ... una foto de ella."

John Greenleigh
Rosalind Rosoff Beimler

Paper cutouts fluttering over the churchyard herald the approach of the Days of the Dead in San Nicolás de Tetelco, México.

▼▼▼▼▼▼▼▼▼▼▼▼▼▼▼▼▼▼▼▼▼▼▼▼▼▼

Sobre el atrio de la Iglesia de San Nicolás de Tetelco, Estado de México, el revoloteo de "papel picado" pregona la conmemoración de los Días de Muertos.

7

In Oaxaca, the markets come alive with marigolds, baby's breath, and purple cockscomb sold as decorations for altars and graves.

▼▼▼▼▼▼▼▼▼▼▼▼▼▼▼▼▼▼▼▼▼▼▼▼▼▼▼▼▼▼

En Oaxaca, los mercados cobran vida con la venta de flores de cempasúchil, aliento de niño y cresta de gallo morada, que servirán para las ofrendas de los altares domésticos y de los sepulcros.

In an open invitation to the dead, paper streamers adorn a cemetery in Alpuyeca, Morelos.

▼▼▼▼▼▼▼▼▼▼▼▼▼▼▼▼▼▼▼▼▼▼▼▼▼▼▼▼▼

En son de invitación abierta a los muertos, largas tiras de papel adornan el cementerio de Alpuyeca, Morelos.

For children in Yecapixtla, Morelos, the arrival of the Days of the Dead is marked by a mixture of anticipation for the festivities and trepidation for the spooks of the night to come.

▼▼▼▼▼▼▼▼▼▼▼▼▼▼▼▼▼▼▼▼▼▼▼▼▼▼▼▼▼▼▼▼▼▼

Los niños de Yecapixtla, Morelos ven la conmemoración de los Días de Muertos con una mezcla de alegre expectativa y de temor a los espíritus que llegarán por la noche.

12

*T*n Mexico, once a year, death is celebrated in the midst of life. Each autumn, the living invite their dead to join them in a festival of communion—to return home again and, for a few hours, to sit by the hearth and warm their cold bones before returning to the land of the dead. ● In all cultures, there is a struggle between life and death. Life is noisy and bright; death is silent and dark. To the light we attribute goodness; to the dark, fear and evil. Spring brings fertility and thoughts of love; fall brings barrenness and intimations of death. We dance with gay ribbons in summer and light candles to brighten the darkness of winter. ● Funeral rites reflect both the denial and the acceptance of these opposites: weeping followed by feasts and revels. A good Irish wake starts with tears and goes to drink before midnight. In Malagasian funerals, the day's rigid mourning rites are followed by bawdy and drunken revelry; men and women separated by day have licentious relations by night. And in Mexico, in the village of Anenecuilco, friends of a dead child come to play with his toys as he lies in his coffin before burial. For another day, the parents can imagine their child still lives. Reality fades, giving them a breathing spell, a chance to adjust to the

En México, una vez al año, se celebra la muerte en plena vida. Cada otoño, los vivos invitan a sus difuntos a que los acompañen en esta ocasión—que regresen al hogar y, por unas horas, se sienten al calor de la lumbre calentando sus gélidos huesos antes de reanudar su largo viaje de retorno al lugar de los muertos. ● En todas las culturas existe la lucha entre la vida y la muerte. La vida es ruidosa y brillante; la muerte, silenciosa y obscura. A la luz atribuimos bondad; a la obscuridad, miedo y maldad. La primavera trae fertilidad y pensamientos de amor; el otoño significa aridez e intimaciones de muerte. Bailamos en verano con alegres listones de muchos colores, y encendemos velas para iluminar la obscuridad del invierno. ● Los ritos fúnebres reflejan tanto la negación como la aceptación de estos opuestos: llanto, seguido por festejos orgiásticos. Un buen velorio irlandés comienza con lágrimas y para la medianoche es alegre borrachera. En los entierros malagasianos, los solemnes ritos de duelo del día son seguidos por una parranda desenfrenada; hombres y mujeres separados durante el día sostienen relaciones libertinas por la noche. Y en México, en el pueblo de Anenecuilco, los amigos del niño muerto vienen a jugar con los juguetes del difunto mientras el pequeño yace en su ataúd en espera del entierro. Por un día más, los familiares pueden imaginer que el niño aun vive. Se desvanece la realidad y los padres disponen de un pequeño respiro, una

overwhelming loss. • Every culture must learn to deal with the loss of life in order to survive. Feelings of abandonment, anger, guilt, and fear must be resolved before the priority of life can be reasserted. In different ways, every rite of passage—from birth to death—meets that need by establishing a period of separation, followed by a time of transition, and finally by incorporation into a new status. So, for the living, death is a time of shock and bereavement, full of weeping and wailing. The transition brings reunion and the acceptance of loss, followed by a time for the deceased to recede into a state of non-being and quiescence. In many cultures, the deceased are thought to take a long journey into a fleshless nether-region where they obtain the hallowed status of ancestor. • They may be loved or feared in this new status, placated or revered, but eventually they must sink into non-being, beyond all good and evil. It may be Valhalla, Hades, or the Aztecs' Mictlán. Though the dead cannot be quickly forgotten, neither can they intrude too long among the living.

oportunidad para adaptarse a la abrumadora pérdida. • Cada cultura tiene que aprender a enfrentarse a la pérdida de la vida para poder sobrevivir. Los sentimientos de abandono, enojo, culpa y miedo deberán resolverse antes de que pueda reafirmarse la prioridad de la vida. • De diferentes maneras, cada rito de paso—del nacimiento a la muerte—satisface esta necesidad al establecer un período de separación, seguido por un tiempo de transición, y finalmente la incorporación a un nuevo estado de ser. De esa manera, para los vivos, la muerte es una crisis de conmoción y duelo, plena de llanto y lamentación. La transición inspira reunión y la aceptación a la pérdida, y es seguida por un tiempo en que el difunto se desvanece a un estado de no-existencia y quietud. En muchas culturas, se piensa que el difunto inicia un largo viaje a una región de muertos descarnados donde se convierte en venerable antepasado. • En este nuevo estado puede ser amado o temido, conciliado o venerado, pero finalmente deberá hundirse en el no-existir, más allá de todo bien o mal. Podría ser Valhalla, Hades o el Mictlán azteca. Aunque los muertos no puedan ser olvidados facilmente, tampoco pueden inmiscuirse mucho tiempo en el mundo de los vivos.

Today as in pre-Columbian times, life in Mexico is tinged with tragedy. Death has been both friend and enemy, catharsis and release. Through centuries of poverty, oppression, and violence, it has been ever-present—sometimes tender, often tragic. The sense of being vulnerable, defenseless before a life full of dangers, demonic spirits, and irrationality has made generations feel that to live is to suffer.

It is submission to the brutality of the powerful and the arbitrary.•Aztec society was hierarchical, demanding, and violent. An Aztec father told his daughter of six for whom he was performing the rites of passage into girlhood, "Here on this earth there are tears, bitterness, and defeat. A dark wind blows over us; it is not a place of well-being. There is no joy, no happiness ..." The Aztecs did not tremble before Mictlantecuhtli, their god of death; rather, they feared the uncertainty of life. Mictlantecuhtli did not punish the dead for the sins of their lives on earth. Instead he released man from his burdens, and the dead went to a

Hoy, como en la época prehispánica, la vida en México está matizada de tragedia. La muerte ha sido amiga y enemiga, catársis y liberación. A través de siglos sumidos en la pobreza, en la opresión y en la violencia, la muerte siempre ha estado presente—algunas veces tierna, frecuentemente trágica. La sensación de ser vulnerable e indefenso ante una vida llena de peligros, espíritus demoníacos e irracionalidad ha hecho que las generaciones sienten que vivir es sufrir, una sumisión a la brutalidad del poderoso y arbitrario.•La sociedad azteca era jerárquica, exigente y violenta. El padre azteca aleccionaba a su hija de seis años, para quien realizaba el rito de paso de la infancia a la niñez, "Aquí en este mundo hay lágrimas, amargura y fracasos. Un obscuro viento sopla sobre nosotros; no es un lugar de bienestar. No hay alegría, ni felicidad ... " Los aztecas no temblaron ante Mictlantecuhtli, su dios de la muerte, más bien temían las incertidumbres de la vida. Mictlantecuhtli no castigaba al muerto por los pecados de su vida en la tierra. Todo lo contrario, lo liberaba de sus penas, y los muertos iban al lugar que era determinado,

heaven that was determined not by how they lived, but by how they died. •Warriors flew around the sun as hummingbirds and butterflies. With them flew the women who had died in childbirth, givers of life, warriors themselves. Those who died in ways connected with water—by drowning, lightning, gout, and dropsy—played joyfully in the paradise of eternal spring. Infants went to the Nursing Tree, which dripped milk for them. All others went to Mictlán, with its nine cold underworlds, where they gradually faded into total quiescence. •Life was but a dream on the way to death. It could not be possessed or retained. All things break, fade, wither, then disappear; even fame and carved rock tumble. In the thirteenth century, Netzahualcoyotl, the great poet-king of Texcoco, sang: *We come only to sleep, only to dream / It is not true, it is not true that we come to live on this earth / We become as spring weeds, we grow green and open the petals of our hearts / Our body is a plant in flower, it gives flowers and it dies away / I, Netzahualcoyotl,*

no por su manera de vivir, sino por su manera de morir. •Los guerreros alzaban vuelo alrededor del sol convertidos en colibríes y mariposas. Con ellos, alzaban vuelo las mujeres que habían muerto de parto, dadoras de vida, ellas mismas guerreras. Aquellos que habían muerto en circunstancias relacionadas con el agua—como ahogados, fulminados por un rayo o de gota o hidropesía—jugaban dichosos en el paraíso de la eterna primavera. Los niños iban al Arbol Nodriza, que goteaba leche para ellos. Todos los demás iban a Mictlán, con sus nueve mundos subterráneos y fríos, donde se desvanecían paulatinamente hasta la quietud total. •La vida era sólo un sueño en el camino a la muerte. No podía ser poseída ni retenida. Todas las cosas se rompen, desvanecen, marchitan y después desaparecen; aún la fama y la roca tallada se desmoronan. En el siglo XIII, Netzahualcoyotl, el gran rey-poeta de Texcoco, cantó: *Venimos sólo a dormir, sólo a soñar / No es cierto, no es cierto que venimos a vivir en esta tierra / Nos convertimos en hierbas de primavera, crecemos verde y abrimos los pétalos de nuestros corazones / Nuestro cuerpo es*

17

ask: does one really live with roots in this earth? / Not always on this earth, only a little while here / Even jade breaks, just as gold breaks / Even the quetzal plumes fall apart / Not always on this earth, only a little while here. ● The warring Aztecs overran Netzahualcoyotl's gentle classical world, their ferocious sun god Huitzilipochtli demanding the most precious liquid of all to satiate his great thirst. If the sun sucked up the earth's waters, leaving the land dry and barren, what better substance to be offered him than human blood? The sun was insatiable, and men's pulsating hearts were ripped from their breasts in exchange for abundant crops. Death paid for life. ● Yet even endless wars were not enough to insure a plentiful supply of sacrificial victims. A 'war of flowers' was devised, a tournament to which subject tribes sent their best young men to fight the — Aztec knights from dawn till dusk. Pris- — oners were sacrificed, their skulls added to — long racks beside the temples of Huitzili- — pochtli. Their spirits

una planta en un — corazón, ofrece sus flores y se marchita. / — Yo, Netzahualcoyotl, lo pregunto: ¿Acaso — verdaderamente se vive con raíz en la — tierra? / No para siempre en la tierra: Sólo un poco aquí / Aunque sea de jade se quiebra / Aunque sea oro se rompe / Aunque sea plumaje de quetzal se desgarra / No para siempre en la tierra: Sólo un poco aquí. ● Los guerreros aztecas se apoderaron del mundo noble y clásico de Netzahualcoyotl. Su feroz dios del sol Huitzilipochtli exigió el líquido mas precioso de todos para saciar su inmensa sed. Si el sol chupaba el agua de la tierra, dejándola seca y estéril, ¿qué mejor substancia ofrecerle, si no la propia sangre del ser humano? El sol era insaciable, y los corazones palpitantes de los hombres eran arrancados de sus pechos a cambio de cosechas abundantes. La muerte de los sacrificados pagaba la vida. ● Porque las guerras sin fin no eran suficientes para asegurar a plenitud el abastecimiento de víctimas, se ideó 'La Guerra de las Flores,' un torneo donde tribus sojuzgadas enviaban a sus mejores jóvenes a luchar contra los caballeros aztecas desde el amanecer

turned to birds and butterflies as they rose to the warrior heaven of the sun. ● Other dead were incinerated, though an occasional great personage might be buried in an underground chamber, splendidly dressed and seated in a chair with weapons, jewels, dog, and food at hand for the long journey through the netherworld of Mictlán. Further offerings were made after 80 days, then annually for the next four years, after which it was supposed the deceased had arrived at their final resting place, the realm of the non-living.

 With the Spanish conquest, a new set of mourning rituals was introduced into Mexico. The Catholic missionaries who fanned out across the land in the wake of the *conquistadores* brought a cosmology parallel in some ways to that of the Aztecs. Made familiar enough to be palatable, their ideas came to coexist with rather than supplant existing beliefs. Saints joined the hierarchy of gods; heaven and hell added

hasta la puesta del sol. Los prisioneros eran sacrificados, sus cráneos agregados al *tzompantli* al lado de los templos de Huitzilipochtli. Sus espíritus se convertían en colibríes y mariposas al elevarse al paraíso solar de los guerreros. ● Otros muertos eran incinerados, aunque un gran personaje podría ser sepultado en una cámara subterránea, espléndidamente vestido y sentado en una silla con sus armas, joyas, perro y alimentos a la mano para el largo viaje a través de los nueve mundos subterráneos de Mictlán. Se le harían ofrendas adicionales ochenta días después del entierro y una vez al año por los siguientes cuatro años, al final de los cuales se suponía que el difunto habría llegado a su último lugar de reposo, de su quietud.

 Con la conquista española, se implantó en México un nuevo protocolo de rituales funerarios. Los cientos de frailes católicos que se extendieron por todo el país, siguiendo las pisadas de los conquistadores, trajeron una cosmología paralela en ciertos aspectos a la de los aztecas, y sus ideas llegaron a

new dimensions to Mictlán; All Souls' and All Saints' days merged with the harvest rites of Mictlantecuhtli. ● The Catholic rites had grown out of Egyptian mourning practices commemorating the deceased god of Life, Death, and Grain—Osiris. By the Alexandrian calendar, Osiris was murdered on the seventeenth day of the month of Athyr, in our November—a time when the Nile is sinking, the nights are lengthening, and leaves are falling. On those nights the dead were thought to revisit their homes, and people received them with food and lamps to light their way. The Romans inherited the concept in turn; Bacchus, the Roman god of life and renewal, is Osiris in Roman dress. As Christianity replaced the gods of Rome, ancient rites were recast. All Saints' Day, November 1, was established as the time to pray for the souls of dead children; All Souls' Day, November 2, became the day to remember the adults. The night of October 31 became

impregnarse con las creencias indígenas. Los santos se unieron a la jerarquía de los dioses aztecas; el cielo y el infierno añadieron nuevas dimensiones a Mictlán; los Días de Muertos se fundieron con los ritos de cosecha de Mictlantecuhtli. ● Desde tiempos remotos los ritos católicos habían evolucionado de las prácticas fúnebres egipcias que conmemoraban al Osiris, el dios de la Vida, de la Muerte y del Trigo que había sido asesinado. De acuerdo con el calendario alejandriano, el asesinato ocurrió el décimoséptimo día del mes de Athyr, o sea, nuestro noviembre—la temporada en que las aguas del río Nilo bajan, las nochas se extienden, y las hojas caen. Se pensaba que en esas noches los difuntos visitaban sus hogares, y las personas los recibían con alimentos y antorchas para alumbrar su camino. Los romanos heredaron el concepto; Baco, el dios de la vida y de la renovación, es Osiris con ropaje romano. Cuando el cristianismo reemplazó a los dioses de Roma, los ritos antiguos se transformaron. El día de Todos Santos, el primero de noviembre, quedó

All Hallow's Eve. • Halloween evolved separately from the Days of the Dead, though it remains a close cousin. What is in the United States a one-night event for children has been incorporated to varying degrees in celebrations all over Mexico. Trick-or-treaters can be found making their rounds in many Mexican cities and towns, while in the countryside it's not uncommon to see a papier-mâché mask or a pumpkin jack-o'-lantern amid the Day of the Dead festivities. • The Days of the Dead are celebrated with a mixture of reverence for the departed, revelry to make them happy upon their return, and mockery to defy the fear of death itself. Though details vary from region to region and village to village, the basic rituals remain strong: receiving the spirits of the dead at home, offering them food and drink, and communing with them beside their graves. Prepa-rations are made to receive them in a protocol of arrivals and departures. • On October 27, the

establecido como el día para rezar por las almas de los niños muertos; el día de los Fieles Difuntos, el dos de noviembre, vino a ser el día para recordar a los adultos. La noche del 31 octobre se convirtió en Noche Santificada ('All Hallow's Eve'), cuando las almas de los difuntos empiezan a divagar por el mundo de los vivos. De acuerdo con algunas tradiciones, los niños se disfrazan para unirse a los espíritus en sus travesuras. • En México la tradición es que las almas de los difuntos son invitados de honor. Esa época de año—los Días de Muertos—se celebra con una mezcla de veneración por los difuntos y de diversión para alegrar su visita, y de burla como reto al miedo de la muerte misma. Aunque los detalles varían de región a región y de pueblo en pueblo, los ritos básicos continúan: el recibir a los espíritus de los difuntos en el hogar, ofreciéndoles alimentos y bebidas, y al final, el compartir con ellos la noche de vigilia al lado de sus tumbas. Los preparativos para recibirlos se realizan siguiendo un protocolo de venidas y de despedidas. • El 27 de octubre, los espíritus de aquellas almas sin sobrevivientes y sin hogar

spirits of those with no survivors to greet them and no home to visit are received in some villages with bread and jugs of water hung outside the houses. In other villages, offerings are collected and placed in a corner of the church. The offerings are meager—but at least the orphaned soul finds something. On October 28, those who died by accident, murder, or other violent means are offered food and drink, placed outside the home to keep away the malignant spirits of these as-yet unpardoned souls. On the night of October 31, the dead children come home to visit; by midday of November 1, however, they too must be gone. ● Bells ring

through that afternoon as the
rive. The family formally greets
most recently, and through him,
knowledged. The smell of candles
In some villages, neighbors and
those who have lost a member of

adults, or the Faithful Dead, ar-
the adult who has passed away
the other ancestors are ac-
and copal incense fills the home.
relatives make the rounds of
the family within the past year.

para visitar, son recibidas en
de agua colgadas afuera de las
juntan las ofrendas que se colocan
ofrendas son pobres, pero por lo
encuentran algo. El 28 de octubre,
accidente, asesinato o de otras

algunos pueblos con pan y jarras
casas. En otros pueblos, se
en un rincón de la iglesia. Las
menos las almas huérfanas
a aquellos que murieron por
formas de muerte violenta, se

les ofrece alimentos y bebidas afuera de la casa o en el patio para evitar que entren los espíritus malignos de aquellas almas aún sin perdonar. En la noche del 31 de octubre, los niños muertos vienen a visitar el hogar; para el mediodía del primero de noviembre ya tendrían que haberse ido. ● Las campanas tocan toda la tarde para saludar a los 'fieles difuntos'. La familia da la bienvenida formal al difunto más reciente y, a través de él, se saluda a los otros antepasados. El olor de las velas y del incienso de copal llena la casa. En algunos pueblos, vecinos y parientes dan el pésame a aquéllos que han perdido un ser querido en el curso del último año. Los visitantes se sientan calladamente con sus anfitriones y beben ponche caliente,

The visitors sit quietly with their hosts, sipping hot punch, before moving on to another 'wake'. • At sundown, the family moves to the graveyard for an all-night vigil of communion with the dead. Candles are lit on the gravestones, one for each lost soul. Women kneel or sit all night to pray; the men keep watch, talking and drinking. In some places food is placed on the graves. By midnight the cemetery is filled with candles flickering in the windy autumn night. Both city folk and villagers spend the following day in the company of their dead, but also enjoying the sociability of the living. Gossip and drink are shared at the gravestones.

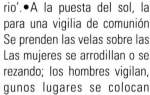

Strolling musicians play the ghosts' favorite tunes. • By evening on November 2, the party is over. The ghosts return to the world of the dead, encouraged to leave by masked mummers whose mission is to scare away any stubborn souls who try to linger too long. Thus are the living and the dead left at peace with each other for another year.

antes de seguir a otro 'velorio'. • A la puesta del sol, la familia se traslada al panteón para una vigilia de comunión con todos sus fieles difuntos. Se prenden las velas sobre las tumbas, una por cada alma ida. Las mujeres se arrodillan o se sientan durante toda la noche rezando; los hombres vigilan, hablando y bebiendo. En algunos lugares se colocan alimentos en las tumbas. Para la medianoche el cementerio se encuentra lleno de flameantes velas en el aire nocturno del otoño. Tanto las gentes de la ciudad como de los pueblos pasan el día siguiente en compañía de sus muertos, pero también disfrutan de la convivialidad de los vivos. El chisme y la bebida se comparten en la lápida sepulcral. Músicos que caminan entre las tumbas van tocando las piezas favoritas de los difuntos. • Para la noche del dos de noviembre la fiesta ha terminado. Las almas regresan al mundo de los muertos, estimuladas a partir por enmascarados del pueblo cuya misión es asustar a las almas más renuentes a salir. Así, los vivos y los muertos quedan en paz entre sí por otro año.

As the time approaches for the coming of the spirits, a frenzy of buying and selling fills the marketplace. Country people walk to town with great bundles of flowers on their backs, and soon stands overflow with huge arrays of marigolds and velvety purple cockscomb used to decorate the graves and family altars. Bakeries are filled with breads twisted into fanciful shapes of skulls, crossbones, and skeletons. Their windows are painted with skeletons and pumpkins. • Everyone is buying new clay pots for stewing spicy chicken *mole*, a favorite food of the season. Disks of chocolate ground with sugar and cinnamon are sold to go into the sauce, and into the hot corn-paste drinks popular among both the living and the dead. There are spices to be bought for the mole and for tamales. Red, green, black and orange chilis add color and warmth for these cold nights. • Brightly colored handmade toys for sale depict people from all walks of life as skeletons: seamstresses at their sewing machines, secretaries at their typewriters, police, top-hatted gentlemen, and purple-clad bishops carrying caskets with pop-out cadavers. The old and the young share the bittersweet pleasure of exchanging sugar and chocolate skulls with the names of their friends and sweethearts pasted on. Black clay candlesticks and incense cups are acquired for family altars. Fragrant packets of copal resin wrapped in paper promise to fill the house and the graveyard with their heavy aroma. • There are Halloween masks to be bought for the children, ranging from the grotesque faces of U.S. presidents to leering gorillas, skulls, and witches. Symbols here become mixed, but the message is always the same—mock death, partake of it, join it, because there is no escaping it.

Al acercarse el momento de la llegada de las ánimas, un frenesí de compras llena el mercado. Los campesinos viajan a la ciudad con grandes atados de flores a sus espaldas para venderlos en el mercado local. Las tarimas están atestadas de inmensos montones de margaritas y crestas de gallo aterciopeladas de color morado, para decorar las tumbas y los altares familiares. Las panaderías están llenas de pan de muertos, grandes y chicos, doblados en formas fantasiosas representando calaveras, huesos y esqueletos. Sus ventanas están pintadas con esqueletos y calabazas. • Todo el mundo está comprando cazuelas nuevas de barro para preparar el mole de pollo, un platillo favorito de la temporada. Se venden rodajas de chocolate molido con azúcar y canela para preparar la salsa, y para las bebidas calientes de atole de maíz, apreciadas tanto por los muertos como por los vivos. Hay una infinidad de especies para el mole y los tamales. Chiles verdes, rojos, negros y anaranjados dan color y calor a estas noches frías. • Se venden juguetes de colores brillantes hechos a mano con papel, cartón, alambre y barro. Son esqueletos representando personas de todos los niveles de la vida: costureras en sus máquinas de coser, secretarias con sus máquinas de escribir, policías con sus macanas, caballeros de chisteras y obispos vestidos de púrpura cargando ataúdes con cadáveres que brincan para sorprender. Tanto los viejos como los jóvenes comparten el placer agridulce de intercambiar calaveras de azúcar y chocolate con el nombre inscrito de sus amigos y novios. Las amas de casa adquieren para los altares familiares los candeleros y recipientes para el incienso de arcilla negra. Fragantes paquetes de resina de copal prometen llenar la casa y las tumbas con su fuerte aroma. • En una concesión a la víspera del Día de Todos los Santos (All Hallow's Eve), algunos niños compran máscaras de plástico, variando desde las grotescas caras de los presidentes de los Estados Unidos hasta recelosos gorilas, calaveras y brujas. Los símbolos se revuelven aquí, pero el mensaje es siempre el mismo: burlar a la muerte, participar con ella, unirse a ella, porque no hay manera de escaparla.

With the holiday comes a mood for mischief in Cuernavaca. Above, a streetcorner near the main churchyard and cemetery in Mizquic, México turns into a small local market, one of many that spring up at this time of year.

La fiesta conmemorativa provoca en Cuernavaca un ambiente inquieto de travesuras. Arriba, una esquina cerca del panteón de la iglesia principal, en Mizquic, Estado de México, parece un pequeño mercado de puestos callejeros, uno de muchos que se instalan en esta época del año.

In Cuernavaca, masks for sale hint at the revelry to come. Above: All over Mexico, bakeries like the one above promote their *pan de muerto* or 'bread of the dead' with a feast of window decorations.

En Cuernavaca, la venta de máscaras prefigura el ambiente festivo de la celebración de los Días de Muertos. Arriba: En todo México, las panaderías anuncian su 'pan de muerto' con alarde decorativo en los escaparates.

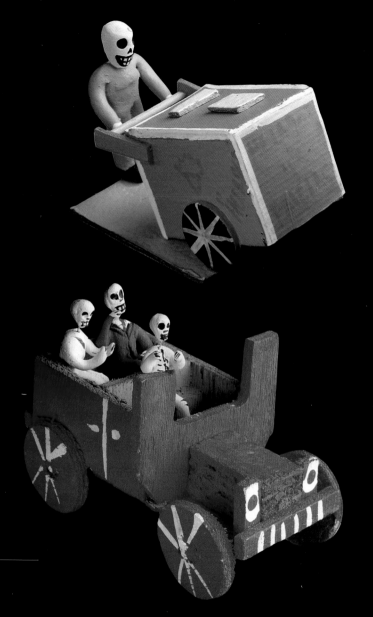

Though only a few inches high, *calacas*, the handmade Day of the Dead figurines
sold in markets as gifts and decorations, depict in detail
an afterlife populated by skeletal ice cream peddlers, truck drivers, horsemen, and many others.

▼▼

Las calacas, figuritas artesanales entre diez y veinte centimetros de alto, se venden en los
mercados como recuerdos y adornos, representan en detalle la vida
en el "más allá" poblada de esqueletos de neveros, camioneros, charros y muchos otros.

31

Former typist; deceased drummer.

Antiguo mecanógrafo; difunto tamborilero.

Departed dentist; moribund magistrate.

Dentista muerto; magistrado moribundo.

A market in Cuernavaca draws customers of all ages—and their children—each in search of just the right flowers, candles, and foods to mark the holiday.

Un mercado en Cuernavaca a donde concurren hombres, mujeres, ancianos y niños en busca de flores, cirios y veladoras y alimentos especiales de la temporada.

Vendors in the town square of Xoxocatlán, Oaxaca, insure that cascades of fresh flowers fill home altars and graveyards throughout the community in the days leading up to the celebration.

▼▼▼▼▼▼▼▼▼▼▼▼▼▼▼▼▼▼▼▼▼▼▼▼▼▼▼▼▼▼

En los días antes de la festividad, los vendedores en la plaza de Xoxocatlán, Oaxaca, expenden una gran abundancia de flores frescas para las ofrendas de los altares domésticos y de los sepulcros del pueblo.

For a few days bakers become artists, adorning their breads with bits of inspired handiwork. Skeletons and skulls made of dough pop up among the loaves along with sugary flowers and swirls. A vendor in Oaxaca boasts the largest loaf of all.

Por unos días los panaderos son artistas inspirados. Amasan pan en forma de esqueletos y calaveras cubiertos de flores y orlas azucaradas. Un vendedor de Oaxaca ostenta el pan más grande de todos.

Every shelf is stacked with grisly treats, from
sugar skulls to Halloween jack-o'-lanterns and *pan de muerto* to edible crosses.

Cada puesto está retacado de golosinas figurando motivos lúgubres,
desde calaveras de azúcar hasta linternas estilo Halloween hasta cruces sepulcrales comestibles.

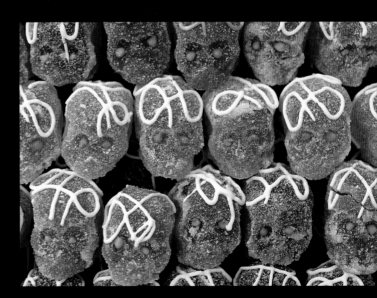

Each skull bears the name of a sweetheart, each bread the suggestion of bones. Cadavers peer out of their coffins, and sugary ghouls sprout confectioner's hair.

Cada calavera lleva estampada en la frente el nombre de una amada, cada pan sugiere huesos. Los muertitos en sus ataúdes miran hacia afuera, y espantos azucarados brotan de la repostería.

*N*o cemeteries in the villages and few of those in the cities have any grave keepers. Any cleaning or repair of tombs and gravestones, usually neglected since the previous October, must be undertaken by the families of the dead. Mothers and daughters sweep and wash; fathers and sons paint and tinker. Tombstones are scrubbed with pails of water, sometimes lugged by children from a nearby faucet for a small tip. Weeds are pulled, loose stones set back into place, decaying crosses repaired, stones redecorated, fresh flowers placed in an old can or vase. ● Graves range from an earthen mound sprinkled with marigold petals to a walk-in chapel with an altar. A simple wooden cross may stand draped in long strips of white cloth, someday to be exchanged for an engraved stone or cement version when the family can find the money. In the civil cemetery in Mexico City, crowds stop to peer into the tomb of a young football player, his image etched in the glass walls: running in uniform with a ball under his arm, a reminder of the happy days before disaster struck. ● Decorating is bold and ingenious. Grave markers shaped like miniature chapels are painted in luscious Mexican pinks, sky blues, or deep yellows until the cemetery looks like a city of dollhouses tipped awry. A tiny church-like tomb is decorated with wreaths of flowers on all four sides in a kind of cement bas-relief. ● Each evening, the burning of weeds and old wood sends up a pungent smoke, warming the cold night air. A good swig of mezcal eases the chill for the tired men. The women simply wrap themselves tighter into their shawls. The night comes alive with a mix of smoke and ghostly swirls twisting up to the sky.

Ningún panteón en los pueblos, y muy pocos de aquellos en las ciudades, tiene custodio de sepulturas. Cualquier limpieza o reparación de tumbas y lápidas, normalmente mal cuidadas desde el octubre anterior, deberá ser emprendido por las familias de los difuntos. Las madres y las hijas barren y lavan; padres e hijos pintan y reparan. Las tumbas se lavan con cubos con agua, algunas veces traídos por los niños a cambio de una pequeña remuneracíon. Se quitan las hierbas, las lozas flojas se vuelven a su lugar, las cruces deterioradas se renuevan o reemplazan, se redecoran las lápidas, y se colocan flores frescas en una lata o en un florero. ● Las sepulturas oscilan desde un sencillo montón de tierra esparcido con pétalos de cempasuchil, hasta una capilla abierta con un altar. Una simple cruz de madera puede decorarse de largas tiras de tela blanca, para ser cambiada algún día por una lápida de piedra cuando la familia pueda contar con el dinero necesario. En el cementerio civil de la Ciudad de México, muchas personas se detienen para atisbar en la tumba de un joven futbolista, donde se muestra su imagen grabada en las paredes de vidrio: corre en uniforme con una pelota bajo su brazo, un recuerdo de los días felices antes de que alcanzara la tragedia. ● La decoración es atrevida e ingeniosa, con un sentido personal de color y forma. Las lápidas sepulcrales, en forma de capillas en miniatura, están pintadas en exquisitos colores de rosa mexicana, azul cielo, y amarillo brillante, haciendo lucir el cementerio como un pueblito de casas de muñecas. Una pequeña capilla en forma de iglesia está decorada con una guirnalda de flores en sus cuatro lados, y con bajos relieves de cemento. ● En la noche del antiplano, la quema de maleza y de madera vieja levante un humo oloroso, calentando el frío aire nocturno. Un buen trago de mezcal alivia el frío que sienten los hombres cansados. Las mujeres solamente se envuelven más estrechamente en sus rebozos. La noche se llena de una mezcla de humo y remolinos fantasmales retorciéndose hacia el cielo.

A trip to the graveyard makes a family outing in Alpuyeca. Right: The entrance to the cemetery in Tzurumútaro, Michoacán.

▼▼

Una familia de Alpuyeca acude al panteón en plan de excursión. Derecha: La entrada del panteón de Tzurumútaro, Michoacán.

Above: Repairs are made to a family crypt. Right: Ocotepec cemetery in Morelos.

▼▼▼▼▼▼▼▼▼▼▼▼▼▼▼▼▼▼▼▼▼▼▼▼▼▼▼▼▼▼▼▼▼▼▼▼

Arriba: Reparando la cripta familiar. Derecha: Cementerio de Ocotepec, Morelos.

In Cuernavaca, pretty weeds distract a young girl while her family works nearby. Right: Taking a break from painting chores.

▼▼▼▼▼▼▼▼▼▼▼▼▼▼▼▼▼▼▼▼▼▼▼▼▼▼▼▼▼▼

En Cuernavaca, una niña se entretiene con hierbas silvestres mientras su familia trabaja a su alrededor. Derecha: Tomando un respiro de las tareas de pintor.

49

Above: Among rich and poor alike, in the city or in the countryside, crosses like these in Yecapixtla provide both a centerpiece and an essential means of expression on almost every grave. At the cemetery in Cuernavaca, right, local boys use their shovels and pails to earn some money doing simple chores.

▼▲▼▲▼▲▼▲▼▲▼▲▼▲▼▲▼▲▼▲▼▲▼▲▼▲▼▲▼▲

Arriba: Para los ricos y para los pobres, en la ciudad o en el campo, cruces como ésta en Yecapixtla son una pieza central y un medio de expresión fundamental en casi cualquier tumba. Derecha: Muchachos usan palas y cubetas para ganar unos pesos en el desempeño de labores sencillas.

Left: Digging a grave for the newly deceased in Tzurumútaro. Above:
Flames consume grass and weeds accumulated during the cleanup.

▼▼▼▼▼▼▼▼▼▼▼▼▼▼▼▼▼▼▼▼▼▼▼▼▼▼▼▼▼▼▼▼▼▼

Izquierda: Excavando la fosa para un nuevo difunto en Tzurumútaro.
Arriba: Las llamas consumen la hierba seca acumulada en la limpieza.

Throughout Mexico, roadside crosses mark the locations of highway fatalities. Relatives and friends redecorate them each year.

Por todo México, cruces conmemorativas a las orillas de las carreteras señalan lugares en donde ocurrieron accidentes fatales. Los parientes y amigos los redecoran cada año.

Crosses and a fractured windshield recall three travelers killed on the road in the state of Oaxaca.

Unas cruces y un parabrisas estrellado sirven para recordar a tres viajeros que murieron en un accidente automovilístico en la carretera de Oaxaca.

Left: In Cuernavaca, love that lasts to the grave and beyond. Above: The crypt of a high school football star in Mexico City.

Izquierda: En Cuernavaca, el amor pendura más allá de la tumba. Arriba: La cripta de un muchacho preparatoriano, estrella de futbol en la Ciudad de México.

*A*s October wanes, a family altar is set up in each home to be laden with flowers, fruit, food, and drink for the visiting dead. Each soul is represented on the altar by a candle. Sometimes a photograph of the deceased is placed there. The women are busy cooking pumpkin sweets and grinding spices for the big pot of pungent *mole* slowly simmering with home-grown chickens sacrificed for the occasion. • Some favorite drink, cigarette, or snack will be set out for each visiting spirit as a reminder of home and one's lost earthly pleasures. In poor homes and villages the treats are minimal: barely a cornhusk-wrapped *tamal*, a few *tejocote* fruits taken from a nearby tree, some napkin-wrapped tortillas, and a tiny glass of mezcal. Elsewhere, by contrast, gifts of cigarettes, a cotton scarf, a full bottle of tequila, pink and blue colored breads, pork-filled tamales, and a clay mug of hot *atole* may be offered. For the children there will be a new shirt or pair of pants, a favorite toy, some sweets, and perhaps a bottle of Coca-Cola. • As November 1 and 2 approach, the mole simmers on, bread is baked, tortillas are slapped thin and round, tamales both sweet and spicy are steamed and wrapped in corn leaves. With each passing day the altar fills with added fruits and goodies, more flowers, and a glass of water and some salt for the thirsty spirits. Relatives keep coming to join the houseguests and help or hinder the cooking process and the babysitting needs of the expanding family. There is always more to do and always someone to do it: hold a baby, stir a sauce, grind some nuts and spices, or run out for last-minute errands. All day someone is being fed, tortillas are being heated and spread with chili sauce, a baby bottle is being refilled. Some extra drinking goes on with the men, extra gossip with the women.

A fines de octubre, se instala el altar de la familia en cada casa. Se llena de flores, frutas, alimentos y bebidas para los visitantes difuntos. Cada alma está representada en el altar por una vela. Algunas veces se coloca también una fotografía del muerto. Las mujeres se atarean cocinando dulces de calabaza y triturando especies para la gran cazuela de mole picante que hierve lentamente con los pollos criados en casa que serán sacrificados en esa ocasión. • Alguna bebida favorita, cigarrillos o bocaditos son servidos a cada uno de los espíritus visitantes como recuerdo del hogar y de los placeres terrestres perdidos. En hogares humildes y en los pueblos pobres, los agasajos son mínimos: escasamente un tamal envuelto en las hojas del maíz, unas cuantas frutas de tejocote arrancadas de algun árbol cercano, algunas tortillas envueltas en una servilleta, y un pequeño vaso de mezcal. En otras partes, por contraste, se ofrecen regalos de cigarrillos, una bufanda de algodón, una botella entera de tequila, panes coloreados de azul y rosa, tamales de puerco, y un jarro de barro con atole caliente. Para los niños habrá una camisa nueva o un par de pantalones, un juguete favorito, algunos dulces y quizás una botella de Coca-Cola. • Al acercarse los días primero y segundo de noviembre, el mole hierve a fuego lento, se hornea el pan y se palmotean las tortillas delgadas y redondas. Los tamales, tanto los de dulce como los de chile, se sirven al vapor y envueltos en hojas de maíz. Con el pasar de los días se llena el altar de más frutas y dulces, más flores, de vasos con agua y algo de sal para los espíritus sedientos. Los familiares continúan viniendo para unirse a los invitados y para ayudar, o estorbar, en la cocina y cuidar a los bebés de la creciente familia. Siempre hay algo más qué hacer y siempre alguien que lo haga: cargar un bebé, batir una salsa, triturar algunas nueces y especies, o correr en el último instante a un mandado. Todo el día se está alimentando a alguien, se está calentando las tortillas y untándolas con salsa de chile, se está cambiando un pañal y volviendo a llenar un biberón. Se reparte alguna bebida extra entre los hombres y chismes extras entre las mujeres.

Offerings range from the simple to the extravagant. A poor family may strain to find the money for some autumn fruits, a loaf of bread, and a few candles. In other homes no expense is spared to bring the dead back home in style.

Las ofrendas varían desde las cosas más sencillas hasta lo extravagante. Una familia pobre apenas puede comprar frutas de temporada, una hogaza de pan y unas cuantas velas. En otros hogares, se tira la casa por la ventana para recibir a los muertos con gran pompa.

Treasured belongings from times past highlight the passions of the departed. A familiar guitar, a holy image, or just the right brand of cigarettes help the visiting spirits feel at home.

▼▼

Tesoros preciados en vida recuerdan las aficiones de los que ya no están. Una guitarra, la imagen del santo de su devoción o la marca de cigarillos de su preferencia , ayudan al difunto visitante a sentirse a gusto en casa.

A girl and her grandfather bake *pan de muerto* for family and friends at their home in Santa Maria Ahuacatlán, Morelos.

▼▼▼▼▼▼▼▼▼▼▼▼▼▼▼▼▼▼▼▼▼▼▼▼▼▼▼▼▼

Un abuelo y su nieta hornean pan de muerto para la familia y los amigos en su casa de Santa María Ahuacatlán, Morelos.

Relatives lay paths of fresh marigold petals to help the
dead find their way home in Santa Maria Ahuacatlán.

▼▼▼▼▼▼▼▼▼▼▼▼▼▼▼▼▼▼▼▼▼▼▼▼▼

Los parientes riegan pétalos frescos de flor de cempasúchil
para trazar un sendero que ayude a sus difuntos encontrar
el camino hacia el hogar en Santa María Ahuacatlán.

Above: A woman lights a candle for each of her dead. Right:
Neighbors bring gifts of food to a wake in Santa Maria Ahuacatlán.

▼▼▼▼▼▼▼▼▼▼▼▼▼▼▼▼▼▼▼▼▼▼▼▼▼▼▼▼▼▼

Arriba: Una mujer enciende una veladora por cada uno de sus
muertos. Derecha: Los vecinos traen ofrendas de alimentos al
velorio en Santa María Ahuacatlán.

*O*n the nights of October 31 and November 1, when the ghosts are abroad, masked *comparsas* take place in which male villagers enact a comic skit. Dancing from house to house, they stop wherever a host is willing to supply a little drink and money in exchange for a performance and some amusing verses and epitaphs mocking the surviving family members. Life conquers death to great laughter from the crowds gathered in the street as a man impersonates a weeping widow whose pleadings, bribes, and prayers revive her dead husband. All is well in the end as the couple dances off, joined by the rest of the cast, the musicians, and a happy crowd. A sample from San Gabriel Etla, Oaxaca:

Now I shall sing to you as Valantín sang / Now that Santos is sorry for his behavior / Pedro pays him back by flirting with Oliva / How lovely are the daughters / Of my friend Don Fidelito / And with this I bid farewell / I'm going to drink a mezcalito.

Occasionally a Halloween costume or jack-o'-lantern appears in the crowd. Admiring children tag along as masked mummers and singing minstrels wind through the village streets clowning and asking for treats. Mischief is not the main purpose. More important is having the freedom to roam, to hide behind a mask, to defy the spooks; to say, *We are here ... find us if you can.*

En las noches del treinta y uno de octobre y del primero de noviembre, cuando los fantasmas salen de sus moradas, tienen lugar las comparsas enmascaradas en que los hombres del pueblo desempeñan todos los papeles. Van bailando de casa en casa y se detienen donde el anfitrión les ofrece unas bebidas y algo de dinero a cambio de su actuación. Entre grandes risas de los reunidos adentro y afuera de la casa, los actores añaden algunos divertidos versos y epitafios dirigidos a los familiares de la casa. Escenifican una obra macabra y burlona de lucha entre la vida y la muerte. Representan a una viuda llorona cuyos gritos, ruegos, sobornos y rezos reviven a su difunto esposo. Al final, la vida gana y el difunto rescatado y su esposa empiezan a bailar alegremente junto con los músicos y los vecinos. Una muestra de los versos cantados viene de San Gabriel Etla en Oaxaca:

Ahora yo cantaré para usted como cantó Valentín / Ahora que Santos está arrepentido por su comportamiento / Pedro le paga coqueteando con Oliva / Qué adorables son las hijas / De mi amigo Don Fidelito / Y con ésta les digo adiós / Voy a tomarme un mezcalito.

De cuando en cuando una linterna de calabaza se encuentra también entre la mescolanza. Los niños siguen a las comparsas, cantando y bailando por las calles del pueblo, payaseando y pidiendo colaciones. La travesura no es lo importante; más bien se goza de la libertad de vagar. El ocultarse tras una máscara es desafiar a los fantasmas como para decirles: *Aquí estamos ... encuéntrenos si pueden.*

Above: Halloween jack-o'-lanterns appear in the crowd in Mizquic.
Right: A dressed-up market stall in Toluca, México draws a steady
clientele of hopeful children.

▼▼▼▼▼▼▼▼▼▼▼▼▼▼▼▼▼▼▼▼▼▼▼▼▼▼▼▼▼▼▼▼▼

Arriba: Linternas estilo Halloween aparecen entre la muchedumbre
de Mizquic. Derecha: En el mercado de Toluca, Estado de México, un
puesto callejero bien aprovisionado atrae a una clientela de niños
alborotados.

With darkness, a mummer in the role of Death, left, comes to claim a widow's spouse in San Gabriel Etla. Above: A satirical play about love and death on stage next to the churchyard cemetery in Mizquic; dangling toy skeletons in Toluca.

Al atardecer, un enmascarado haciendo el papel de la Muerte, izquierda, viene a reclamar al difunto marido a la viuda en San Gabriel Etla, Oaxaca. Arriba: Una farsa satiríca sobre el amor y la muerte, representada en un escenario montado cerca del cementerio de la iglesia de Mizquic; juguetes de esqueletos colgantes en Toluca.

Villagers crowd the streets in San Gabriel Etla as a group of actors moves from house to house reciting extemporaneous verses to mock the foibles of each family.

▼▼▼▼▼▼▼▼▼▼▼▼▼▼▼▼▼▼▼▼▼▼▼▼▼▼▼▼

Los habitantes del pueblo se apretujan en las calles de San Gabriel Etla para escuchar a un grupo de actores que van de casa en casa recitando versos que hacen burla cordial de los defectos de sus moradores.

A mummer costumed as a priest reads his litany to the congregation with the aid of a flashlight.

Un enmascarado, disfrazado de cura, recita su letanía a la congregacíon, ayudándose con la luz de una linterna.

Musicians in San Gabriel Etla take a break from their night's work accompanying the mummers through the village.

Músicos que acompañan a la ronda de los enmascarados por el pueblo, hacen una pausa en su trabajo nocturno en San Gabriel Etla.

Up past their bedtime, young people of the village roam the streets making merry to the tune of a mummer's serenade.

▼▼▼▼▼▼▼▼▼▼▼▼▼▼▼▼▼▼▼▼▼▼▼▼

Despiertos después de su hora, un grupo de jóvenes del pueblo recorre las calles haciendo barullo al compás de la serenata de un enmascarado.

EL AMOR ES UNA COSA ESPLENDOROSA

HASTA QUE SE ENTERA TU ESPOSA

Miniature *calaca* tableaux: A man found in bed with a mistress by his angry wife; pool-hall hustlers.

▼▼▼▼▼▼▼▼▼▼▼▼▼▼▼▼▼▼▼▼▼▼▼▼▼▼▼▼▼

Retablos miniatura con calacas: Un hombre en la cama con su amante descubierto por su esposa enfurecida; fortachones de los salones de billar.

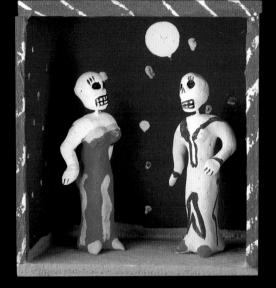

Two divas in a singing competition; a band of strolling musicians.

Competencia de dos cancioneras; una banda de músicos ambulantes.

*W*hen the spirits of children come to visit, they are feted in their homes. Adult spirits, however, are hosted at their graves. Starting late in the afternoon on November 1, their families converge on the cemeteries to sit and wait for their arrival in the night. Candles are lit for their souls, in silent communion. • The men may gather aside to talk politics and local problems; often the women sit in silence beside the graves. Children run and play until they fall asleep, tired and cold. They may be carried back home by an elder brother, or they may sleep alongside their mothers. Teenagers sometimes bring a radio or a small television set to entertain themselves through the night. • In most cities and towns of any size, food stands are set up outside the large cemeteries. A lively atmosphere reigns there all night long as people go out to buy food and drink. The church at the end of the graveyard may be open all night, whether or not a Mass is held by the local priest. Mummers patrol the area to keep control of the crowds, though in small villages this is unnecessary. • The candles stay lit, flickering through the night, sometimes left to burn themselves out as people leave after midnight. A forest of warm light remains to cheer the ghosts to their cold graves. In time, for those who stay, the vigil grows silent. By sunrise the men are a bit tipsy, the women tired and hungry. In some villages the food that was laid out for the spirits is eaten by their hungry families. On the third of November, when all is at peace, the leftover *ofrendas* are carried to the homes of friends or relatives in an exchange of goodies that the living too can enjoy.

Las ánimas-niños son festejadas en sus hogares en su noche de Todos los Santos. En la noche siguiente, a las ánimas de adultos se les visita en el panteón. Allí, comenzando por la tarde del primero de noviembre, sus familiares se sientan con ellos toda la noche. Se prenden velas por sus almas en silenciosa comunión. • Los hombres se reunen a un lado para hablar de política y de problemas locales; las mujeres se sientan en silencio al lado de las tumbas a cuidar las velas. Los niños corren y juegan hasta que caen dormidos, cansados y con frío. Serán llevados a su casa por un hermano mayor, o se quedarán a dormir al lado de sus madres. Algunas veces los adolescentes traen una radio o una televisión portátil para entretenerse a lo largo de la noche. • En la mayoría de las ciudades y pueblos de cualquier tamaño, se instalan puestos de alimentos afuera de los grandes panteones. Toda la noche reina una atmósfera alegre, mientras la gente sale a comprar alimentos y bebidas. La iglesia al fondo del cementerio puede estar abierta todo la noche, si oficie o no una Misa por el sacerdote local. Enmascarados vigilan para mantener el control de las gentes, aunque en los pueblos pequeños esto no es necesario. • Las velas continúan encendidas, flameando a lo largo de la noche, muchas extinguiéndose poco a poco, ya que algunas personas se van después de la medianoche. Un bosque de luces queda para confortar a los fantasmas en sus gélidas sepulturas. En las altas horas de la noche, para aquellos que se quedan, la vigilia se desenvuelve silenciosa. Para el amanecer, los hombres se hallan borrachitos, las mujeres cansadas y hambrientas. En algunos pueblos los alimentos que se dejan para las almas son consumidos por sus hambrientos familiares al amanecer. En el tercer día de noviembre, cuando todo se halla en paz, las ofrendas que quedaron se llevan a las casas de los amigos o parientes en un intercambio en que los vivos también disfrutan.

The lighting of candles and the spreading of bright marigold petals on the dark earthen graves adds color and mystery to the cemeteries.

El parpadear de las velas y los pétalos brillantes de la flor de cempasúchil esparcidos sobre la oscura tierra de las tumbas añaden color y misterio a los cementerios.

Above: A priest celebrates Mass in the cemetery in Cuernavaca.
Right: A couple at the family gravesite in the civil cemetery in Oaxaca.

Arriba: Un sacerdote celebra Misa en un cementerio de Cuernavaca.
Derecha: Una pareja a un lado de la tumba familiar en el cementerio civil de Oaxaca.

Dusk falls on the cemetery at Tlaltizapán, Morelos.

▼▼▼▼▼▼▼▼▼▼▼▼▼▼▼▼▼▼▼▼▼▼▼▼▼

Cae la tarde en el panteón de Tlaltizapán, Morelos.

A haunting calm descends as the many keepers of the vigil settle in for the night. Following page: Thousands of candles illuminate the cemetery in Mizquic.

▼▼▼▼▼▼▼▼▼▼▼▼▼▼▼▼▼▼▼▼▼▼▼▼▼▼▼▼▼▼▼▼▼▼▼▼▼▼

Una calma penetrante invade mientras que los que guardan vigilia se preparan a pasar la noche. Página siguiente: Miles de velas iluminan el cementerio de Mizquic.

Symbols seen as unsettling at another time and place blend peacefully with the landscape during the Days of the Dead. Right: Fellowship and warmth mark the vigil in Xoxocatlán.

▼▼▼▼▼▼▼▼▼▼▼▼▼▼▼▼▼▼▼▼▼▼▼▼▼▼▼

Símbolos de la muerte que normalmente nos perturbarían ahora se funden apaciblemente con el paisaje otoñal. Derecha: La camaradería y la cordialidad marcan la vigilia en Xoxocatlán.

The long night leaves plenty of time for acquaintances old and new.

La noche larga proporciona bastante tiempo para los conocidos, tanto los antiquos como los nuevos.

Watching their favorite soap opera on a portable television.

Viendo la telenovela favorita en un aparato portátil.

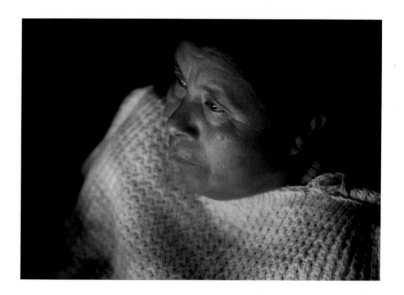

Surrounded by family, a young boy in Xoxocatlán, left, lights a candle on the grave of a lost relation. The steady light of many candles creates a mood for reflection in San Felipe, Oaxaca.

▼▼▼▼▼▼▼▼▼▼▼▼▼▼▼▼▼▼▼▼▼▼▼▼▼▼▼

Rodeado por la familia, un jóven en Xoxocatlán, izquierda, enciende una vela sobre la tumba de un pariente difunto. El sereno resplandor de muchas velas propicia un estado de ánimo de reflexión en San Felipe, Oaxaca.

A skeletal paper cowboy decorating a grave in Mizquic recalls a meditative figure seated nearby.

▼▼▼▼▼▼▼▼▼▼▼▼▼▼▼▼▼▼▼▼▼▼▼▼▼▼▼▼▼▼▼▼▼

Un vaquero-calaca de papel que adorna una tumba en Mizquic recuerda a un hombre meditando sentado cerca de ahí.

105

Townspeople in Xoxocatlán await the arrival of their loved ones.

Los vecinos de Xoxocatlán esperan la llegada de sus fieles difuntos.

Two sisters in Xoxocatlán linger aside the family gravesite.

Dos hermanas en Xoxocatlán hacen guardia en la tumba familiar.

Family rituals pass from generation to generation and the days of the dead endure.

▼▼▼▼▼▼▼▼▼▼▼▼▼▼▼▼▼▼▼▼▼▼▼▼▼▼▼▼▼▼▼▼

El culto a los antepasados se transmite de generación en generación y perduran así los días de muertos.

A floral decoration gives hypnotic focus to thoughts and prayers as the night draws to a close in Janitzio, Michoacán.

▼▼▼▼▼▼▼▼▼▼▼▼▼▼▼▼▼▼▼▼▼▼▼▼▼▼

Un arreglo floral se convierte en centro hipnótico para los pensamientos y las oraciones de la noche que llega a su fin en Janitzio, Michoacán.

We gratefully acknowledge the hospitality of all the many people in Mexico who allowed us to enter their homes and their lives. They graciously tolerated our intrusions and freely responded to our endless questions. • For their invaluable help and support over the long road to publication, we wish to thank Lindy Cameron and Michael Renner, Beth Milwid, Rich Binell, Ellen Sanchez, Nancy Marquez, Amy Nathan, Kathryn Kleinman, Kerry Murphy and Mark Winitsky, Barbara Feller-Roth, Barney Saltzberg, Henrik Kam, Kathryn Kowalewski, Luis Delgado, Lollie Marcum, and everyone at Chromeworks. • Thanks also to Lawrence and Gloria Greenleigh and to Steven and Hans Beimler for their unwavering support. Finally, a special note of gratitude to Stephanie for her love and encouragement, and to Ian and Elise for allowing their dad to be away for so many Halloweens.

Agradecemos profundamente la hospitalidad de todas aquellas personas que nos permitieron entrar a sus hogares y a sus vidas. Amistosamente toleraron nuestras intromisiones y respondieron con gran candor a nuestras inacabables preguntas. • Por su incalculable ayuda y apoyo durante el largo camino hasta la publicación, deseamos agradecer a Lindy Cameron y Michael Renner, Beth Milwid, Rich Binell, Ellen Sánchez, Nancy Márquez, Amy Nathan, Kathryn Kleinman, Kerry Murphy y Mark Winitsky, Barbara Feller-Roth, Barney Saltzberg, Henrik Kam, Kathryn Kowalewski, Luis Delgado, Lollie Marcum y a todos en Chromeworks. • Gracias también a Lawrence y Gloria Greenleigh y a Steven y Hans Beimler por su apoyo de siempre. Así mismo, mi agradecimiento a Stephanie por su amor y entusiasmo, y a Ian y Elise por haberle permitido a su papá ausentarse durante tantas fiestas de Halloween.

Photographer / Fotógrafo: John Greenleigh • Writer / Escritora: Rosalind Rosoff Beimler
Design Director / Directora de Diseño: Jennifer Barry • Managing Editor / Director Editorial: Bill Messing
Editorial Advisors / Asesores Editoriales: Marjory Mattingly Urquidi, René Yañez
Translators / Traductores: Justo García Velez, Carmen de Lachica, Federico de Lachica, Joaquín Urquidi
Production Director / Directora de Producción: Lynne Noone
Design and Production Assistant / Asistente de Producción y Diseño: Cecile Chronister
Film Traffic Coordinator / Coordinador de Fotografías: Andrew Hathaway
Editorial Coordinator / Coordinadora Editorial: Barbara Roether
Copy Editor / Editor de Texto: Beatriz Johnston Hernández • Proofreader / Corrector: Jonathan Schwartz